Contraste insuffisant
NF Z 43-120-14

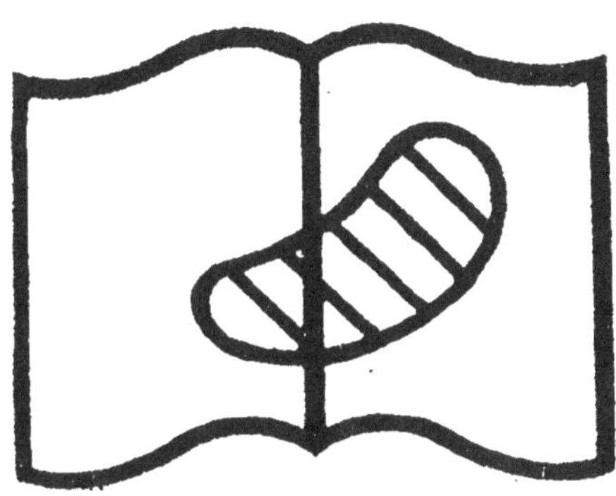

Illisibilité partielle

VALABLE POUR TOUT OU PARTIE DU
DOCUMENT REPRODUIT.

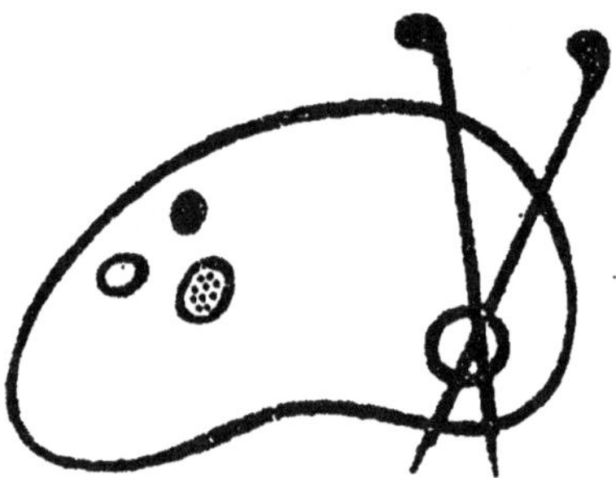

Couvertures supérieure et inférieure
en couleur

A Monsieur Léopold Delisle
hommage respectueux
J. S.

DES

DOCTRINES PSYCHOLOGIQUES

CONTEMPORAINES

LEÇON FAITE A L'ÉCOLE PRATIQUE DES HAUTES ÉTUDES

Le 20 Novembre 1882

PAR

JULES SOURY

Docteur ès-lettres,

Maître de conférences à l'École pratique des hautes études.

EXTRAIT DE *L'ENCÉPHALE*

Journal des maladies mentales et nerveuses.

PARIS

LIBRAIRIE J.-B. BAILLIÈRE ET FILS

Rue Hautefeuille, 19, près le boulevard St-Germain

1883

DU MÊME AUTEUR

Philosophie naturelle. 1 vol. 1882.
Bréviaire de l'Histoire du Matérialisme. 1 vol. 1881.
Jésus et les Évangiles. 2e édit. 1 vol. 1878.
Etudes historiques sur les Religions, les arts, la civilisation de l'Asie occidentale et de la Grèce. 1 vol. 1877.
Etudes de psychologie historique :
  I. Portraits de femmes. 1 vol. 1875.
  II. Portraits du XVIIIe siècle. 1 vol. 1879.
Essais de critique religieuse. 1 vol. 1878.
Théories naturalistes du monde et de la vie dans l'antiquité. (Thèse). 1 vol. 1881.
De Hylozoismo apud Recentiores. 1 vol. 1881.
Des Etudes hébraïques et exégétiques chez les chrétiens d'Occiden au moyen âge. Br. 1867.
La Bible et l'archéologie. Br. 1872.
Luther exégète de l'Ancien et du Nouveau Testament.

TRADUCTIONS

Essais de psychologie cellulaire, par Ernest Haeckel. 1 vol. de la *Bibliothèque de philosophie contemporaine.*
Le règne des protistes. Aperçu sur la morphologie des êtres vivants les plus inférieurs, par Ernest Haeckel. 1 vol.
Les preuves du transformisme, par Ernest Haeckel. Réponse à Virchow. 1 vol. de la *Bibliothèque de philosophie contemporaine.*
Les sciences naturelles et la philosophie de l'inconscient, par Oscar Schmidt. Traduit de l'allemand par Jules Soury et Edouard Meyer. 1 vol. de la *Bibliothèque de philosophie contemporaine.*
Histoire littéraire de l'Ancien Testament, par Th. Noeldeke. Traduit de l'allemand par Jules Soury et Hartwig Derenbourg. 1 vol.
Histoire de l'évolution du sens des couleurs, par Hugo Magnus. 1 vol.

Morbid Psychology. Studies on Jesus and the Gospels. The Freethought Publishing Co. London, 1881.

EXTRAIT DE *L'ENCÉPHALE*

Journal des maladies mentales et nerveuses, 1883.

DES DOCTRINES PSYCHOLOGIQUES

CONTEMPORAINES

Leçon professée à l'École pratique des hautes études

Par Jules SOURY

MESSIEURS,

De quelque côté que nous tournions nos regards ; que nous considérions les agrégations moléculaires, la gravitation des planètes autour du soleil, le mouvement de rotation et de translation du soleil lui-même dans l'univers sidéral ; la génération de

(1) Comme formule sédative de la suractivité nerveuse, dans les cas d'excitation maniaque, j'emploie ordinairement la potion suivante ainsi formulée :

Eau de tilleul	125 grammes..
Sirop de fleurs d'oranger	30 »
Sirop de morphine	30 »
Bromure de potassium.	4 »
Hydrate de chloral.	2 »

à prendre dans les 24 heures, soit à doses fractionnées, une cuil-

tous les phénomènes physiques connus, chaleur,
lumière, électricité, etc., les conditions et les divers modes de la vie, de la sensibilité et de la
conscience, — partout et toujours, aussi loin qu'il
nous soit donné d'atteindre, nous n'apercevons qu'une
vaste synthèse de mouvements, de transformations
infinies d'un seul et même événement, sans perte
réelle d'un état ou d'un système à l'autre, suivant des
lois universelles, qui sont celles de la mécanique.
Toutes nos différentes façons d'envisager la nature se
ramènent à une vue unique : la mécanique céleste,
la physique, la chimie, la biologie, y compris la
psychologie et la sociologie, ne sont que des cas plus
ou moins complexes de la mécanique générale.

Si l'on connaissait mieux les éléments de la mécanique moléculaire, les phénomènes les plus délicats
des formes supérieures de la vie, les phénomènes
d'innervation eux-mêmes, pourraient être représentés
par quelque formule d'ordre cosmologique, car les
diverses actions nerveuses, les sensations et les
idées, ne sont, au point de vue objectif, que des systèmes de mouvements. Mais les sciences de la vie
sont encore très loin de la perfection relative à laquelle sont arrivées déjà quelques sciences, telle que
l'optique, et la théorie des mouvements cellulaires

lerée toutes les deux heures, soit la même potion à doses mas-
sives en deux fois à 6 heures d'intervalle.
L'ergotine d'Yvon, en solution, un gramme dans un julep,
dans les 24 heures, à prendre en deux fois. — On peut aller
jusqu'à 3 et 4 grammes dans les 24 heures. On interrompra de
temps en temps l'administration du médicament pendant trois ou
quatre jours, et on pourra alterner avec le polybromure de potas-
sium, de sodium et d'ammonium à la dose de 3 et 4 grammes
dans les 24 heures. Cette médication est susceptible de donner
de très bons résultats au point de vue de la sédation de la suractivité
nerveuse.

est infiniment moins avancée que celle des ondulations de l'éther.

Il y a plus : changez ou modifiez par hypothèse la trame élémentaire des êtres organisés; de nouvelles combinaisons chimiques inconnues, sortiraient de nouvelles propriétés organiques inconnues, des modes de génération, de développement, d'innervation, peut-être analogues à ceux que nous observons, peut-être aussi d'un tout autre ordre. Nous pressentons que, par delà les qualités des corps perçues par nos organes des sens, il doit en exister bien d'autres qui sont pour nous comme si elles n'étaient pas. Une organisation plus délicate, plus hautement différenciée, aurait des sensations plus fines, plus nombreuses, plus immédiates, partant, une conscience de l'univers sans doute fort différente de la nôtre.

Mais, avant de s'arrêter à la discussion de pareilles questions, les sciences biologiques doivent d'abord mener à fin, ou du moins pousser très loin, nombre d'investigations préliminaires. Pour ne parler que des fonctions du système nerveux cérébro-spinal, dont les fonctions sont les plus élevées de l'organisme, puisque ce sont celles de la sensibilité, de l'intelligence et des passions, il n'est point téméraire d'affirmer que bien des physiologistes fort instruits n'en ont encore que des notions très incomplètes. Et je ne parle pas seulement de l'étude des éléments anatomiques de diverses sortes qui, par leurs groupements, forment la trame des tissus, si bien que la substance organisée n'est rien de plus que la somme de ces éléments : la connaissance pure et simple des appareils, des organes, des différents départements de la moelle et du cerveau, n'est guère plus avancée.

I

Un livre ou un cours de psychologie sans une exposition anatomique et physiologique du système nerveux serait chose à peine supportable de nos jours. Aucun des psychologues éminents de ce temps n'a commis une telle omission. Ces maîtres en analyse possèdent une érudition peu commune en ces matières ; ils ont à peu près tout lu et repensé ; peu de savants spéciaux seraient capables d'aussi vastes synthèses. Toutefois, et longtemps encore, la psychologie devra attendre que l'anatomie et la physiologie du système nerveux soient devenues des sciences plus parfaites. Que la psychologie, en dehors des méthodes biologiques d'analyse objective, ne puisse jamais être constituée comme science distincte et indépendante, au même titre que la sociologie, c'est une vérité évidente par elle-même. Il est difficile, d'ailleurs, de prévoir quel sera le degré de complication des diverses sciences dans un ou deux siècles, quelles nouvelles divisions il sera nécessaire d'y introduire, etc. En réalité, il n'y aura toujours qu'une seule et unique science, désignée par des noms différents, selon que l'on considère tel ou tel aspect de l'univers, et purement relative à nos différents modes de connaître.

Quoi qu'il advienne, l'étude de la sensibilité et de l'intelligence, des émotions et de la volonté, est bien incontestablement une étude d'ordre biologique. Ce ne sont là encore qu'autant d'aspects divers de la vie parvenue à un certain degré d'organisation. Ils n'apparaissent pas sans elle, avec elle ils disparaissent. Une psychologie véritable plonge donc par toutes ses racines dans les sciences de la vie. Le monde organique n'étant qu'un cas du monde inorganique, et toutes les propriétés de la matière organisée étant réductibles à des considérations chimiques, physiques et mécaniques, le premier groupe d'événements est indissolublement lié à un second, si bien que la difficulté d'observer est ici en raison directe de la complexité croissante des phénomènes. Toutefois cette complexité n'est toujours que relative, et, quelques propriétés nouvelles que manifestent les êtres organisés, le composé ne saurait différer, sinon en degré de complication, des éléments qui le constituent. Or il y a longtemps que l'analyse chimique a réduit les minéraux, les végétaux et les animaux aux mêmes corps élémentaires. C'est de l'eau, de la terre et de l'air que tout organisme tire ici-bas sa substance. Des quatre corps simples constitutifs des êtres vivants, trois sont gazeux, l'oxygène, l'azote et l'hydrogène, un est solide et fixe, le carbone. Comme il n'y a dans la nature qu'une chimie, une physique et une mécanique, les diverses associations moléculaires de ces substances ne sauraient obéir à des lois différentes, du moins en dernière analyse, dans ce qu'on nomme le monde organique et le monde inorganique.

L'organisation, ainsi qu'on l'a définie, n'est qu'un mode particulier d'association moléculaire de principes immédiats. Ces principes immédiats, qui donnent naissance aux blastèmes organisables, où se forment les éléments anatomiques, ne sont que des combinaisons chimiques que le chimiste réalise à volonté dans son laboratoire, par le seul jeu des forces de la matière brute. « La chimie a le droit de prétendre à former les principes immédiats, c'est-à-dire les matériaux chimiques qui constituent les organes... Contrairement aux opinions anciennes, les effets chimiques de la vie sont dus au jeu des forces chimiques ordinaires, au même titre que les effets physiques et mécaniques de la vie ont lieu suivant le jeu des forces purement physiques et mécaniques... La chimie organique constituera à la physiologie une base et des instruments pour s'élever plus haut. » (Berthelot, *Chimie organique fondée sur la synthèse*, II, 802, *cf.* I, 158).

Il n'y a pas plus de force vitale, en effet, que de force minérale. La vie, si l'on entend par ce mot autre chose que l'état d'organisation de la matière vivante, la vie est ce qu'était l'esprit pour David Hume, une abstraction, un mot substitut d'une classe d'images. Huxley remarque quelque part que si, pour expliquer les propriétés de l'eau, lesquelles diffèrent beaucoup des propriétés de l'oxygène et de l'hydrogène, on ne fait pas intervenir l'*aquosité*, il n'y a pas plus de raison de parler de *vitalité* pour expliquer les propriétés nouvelles et particulières de la protéine, lesquelles ne diffèrent pas moins des propriétés de l'acide carbonique, de l'eau et de l'ammoniaque. Les propriétés de la protéine résultent, comme celles de l'eau, de la nature et de la disposition des molécules constituantes. Toute activité vitale, toute fonction organique, depuis la plus humble jusqu'à la plus haute, depuis la nutrition jusqu'à l'innervation, n'est rien de plus que la somme des propriétés élémentaires de la matière organisée.

Lorsqu'on a suivi l'évolution de la matière, des corps simples aux principes immédiats et aux blastèmes organisables, on trouve que ceux-ci tiennent le milieu entre la matière brute et la matière organisée, et l'on voit apparaître, au sein de cette substance amorphe, des éléments figurés de diverses sortes, cellules, fibres, etc : ce sont les éléments anatomiques. Or, chacun de ces éléments est un individu complet; il naît, il respire, il se nourrit, il se développe, il se reproduit, il manifeste des propriétés particulières suivant son espèce, il meurt quand prend fin l'état d'organisation, c'est-à-dire quand cesse la rénovation moléculaire de l'élément. Il y a des êtres constitués par un seul de ces éléments, par une cellule, ou même par une forme de la vie encore plus rudimentaire, mais la plupart des végétaux et des animaux en possèdent des millions. A vrai dire, ils ne sont rien de plus que la somme de ces êtres.

La conscience que nous avons de notre existence et de notre individualité résulte de la vie sourde et de l'activité incessante de tout un monde de petits individus élémentaires dont nous n'avons pas conscience.

Cela posé, et sachant que les éléments anatomiques se disposent en tissus, les tissus en organes, et ceux-ci en appareils, on voit que telle ou telle fonction d'un organisme étant réductible aux propriétés caractéristiques de tel ou tel tissu, et les propriétés du tissu à celles des éléments anatomiques, — *c'est à l'étude des éléments anatomiques qu'il faut remonter pour comprendre n'importe quel phénomène des êtres vivants, depuis la nutrition jusqu'à la sensibilité et à la conscience.* La somme des propriétés des éléments anatomiques constitue, je le répète, l'animal ou le végétal. En d'autres termes, des monères à l'homme, un animal ou un végétal est ce qui se nourrit, respire, croît, se reproduit, sent et se meut.

Les corps simples des biologistes, j'entends les éléments anatomiques, ne sont pas plus simples et irréductibles que ne le sont sans doute ceux des

chimistes. Il faut donc tenir compte de la nature et
de l'état moléculaire des principes immédiats, dont
les modifications peuvent altérer ou anéantir les
propriétés de l'élément anatomique sans que rien
l'atteste dans sa forme, dans son volume ou sa structure. C'est là un cas assez fréquent dans certaines
perturbations fonctionnelles, dans les névroses, les
maladies virulentes, etc. On dit alors quelquefois
qu'il y a maladie sans lésion, *sine materia*. Qu'on
songe enfin aux modifications isomériques, d'une
importance capitale dans les phénomènes d'ordre
organique, où des corps formés des mêmes éléments,
unis dans les mêmes proportions, manifestent cepen-
dant des propriétés diverses, dues à des arrangements
moléculaires différents dans chacun des groupes
élémentaires.

C'est dans les éléments anatomiques et non ailleurs,
et, pour ce qui a trait à notre sujet, dans les diverses
familles de fibres et de cellules nerveuses, dans les
rapports anatomiques qui les relient entre elles,
qu'il convient de rechercher les conditions de la
sensibilité, de la pensée et de la volonté, bref de
tous les événements d'ordre intellectuel et moral.

Connaître les propriétés générales et spécifiques
des diverses variétés de cellules nerveuses, et les
modes suivant lesquels elles réagissent les unes sur
les autres, par contiguïté ou à distance, c'est connaître tout un côté, le côté objectif, de la vie psychique.
On ne peut guère faire davantage dans l'état actuel
de la science, mais il n'est pas douteux que l'analyse
ne puisse être poussée beaucoup plus loin. Il n'y a,
je l'ai dit, dans l'univers que des systèmes de mouvements matériels, et les actions nerveuses rentreront,
comme tout le reste, dans quelque loi de mécanique
générale lorsqu'on aura déterminé (si l'on y parvient

un jour) la forme et la vitesse des mouvements moléculaires auxquels correspondent, comme états internes ou subjectifs de ces phénomènes, nos sensations, nos idées, nos raisonnements et nos volitions.

II

L'histologie, malheureusement, non plus que l'anatomie descriptive ne permettent guère de suivre les
relations d'une fibre nerveuse, sinon d'un faisceau
de fibres, avec les cellules centrales et périphériques
constituant les divers amas de substance grise. Il
existe pourtant une méthode d'investigation qui
tient à la fois et de l'anatomie descriptive et de l'histologie. Je veux parler de la méthode employée par
M. Luys pour saisir et fixer l'image des centres nerveux, méthode qui laisse en quelque sorte la nature
elle-même nous montrer la direction des faisceaux
de fibres et les rapports de ces fibres avec les amas
de substance grise (1). Je reviendrai souvent, dans
ces conférences, sur l'œuvre considérable du savant
anatomiste et physiologiste français, le Meynert de la
France. Les *Recherches sur le système nerveux cérébro-
spinal* doivent être pour tout psychologue ce qu'a été,
pour Alexandre Bain, le *Manuel de physiologie* de
Muller. Tout a vie et mouvement dans la large syn-

(1) On sait que, après avoir durci le cerveau, M. Luys le sec-
tionne dans toute son étendue au moyen de coupes régulières et
successives, horizontales et longitudina, dont la minceur peut
atteindre jusqu'à 0/10 ou 0/15 de millimètre, avec certains instruments décrits dans les livres classiques. Grâce à des procédés de
décoloration des pièces anatomiques, préalablement durcies dans
l'acide chromique, on peut suivre sur ces préparations naturelles,
et la direction des divers faisceaux de fibres, et leurs rapports
avec les différents centres du système nerveux. Les reproductions
photographiques des sections du cerveau ainsi obtenues peuvent
tenir lieu, au moins dans une certaine mesure, des préparations
naturelles. V. l'*Iconographie photographique des centres nerveux*,
de M. Jules Luys.

thèse du savant médecin de la Salpêtrière ; les faits
si complexes de l'innervation sont ramenés à quelques
formules génératrices, et l'on admire avec quelle
puissance d'analyse et de compréhension philoso-
phique il a su édifier sa théorie du système nerveux.
Une telle œuvre s'impose à l'attention des contem-
porains ; elle détermine la direction des évolutions
futures de la science.

Je rappelais tout à l'heure les difficultés insurmon-
tables que l'on éprouverait à suivre une fibre d'une
cellule d'un centre à une cellule d'un autre centre.
Et pourtant on n'entend rien au mode de génération
et de propagation des actions nerveuses aussi longtemps qu'on n'est point parvenu à se représenter les
fibres et les cellules dans leurs rapports et con-
nexions intimes, véritables unités anatomiques, dont
le système nerveux tout entier n'est rien de plus que
la somme. L'étroite solidarité observée dans le tout
doit, en effet, exister d'abord dans les parties. Nous
savons que des prolongements multiples partent des
cellules nerveuses et les ramifient, soit aux cellules
environnantes, avec lesquelles elles s'anastomosent,
soit aux fibres nerveuses. Les deux extrémités d'une
fibre nerveuse vont ainsi se perdre dans les deux cellules centrale et périphérique qui leur servent de
terminaison. Le rôle subordonné que jouent les
fibres nerveuses — motrices, sensitives ou sympathiques — est évident, puisque c'est seulement dans
les cellules nerveuses, dans les centres perceptifs
et moteurs de la moelle, de l'encéphale et des divers
ganglions nerveux, que se trouvent les conditions de
tout mouvement, de toute sensation consciente ou
inconsciente, capable ou non de revivre, soit spontanément, soit sous l'influence d'une nouvelle excitation interne ou externe. Comme l'a montré Lewes,

les fibres motrices qui vont aux muscles, les fibres
sympathiques qui vont aux vaisseaux, aux muscles
lisses et aux glandes, les fibres sensitives qui se ren—
dent aux divers organes, surtout à la peau et aux
membranes muqueuses, etc., différentes par leurs fonctions, sont identiques quant à leurs propriétés. Point de
différences histologiques appréciables entre les unes
et les autres. Elles propagent à distance les vibrations
moléculaires d'un point à un autre ; rien de plus. Il
est clair que la sensibilité et le mouvement seront
abolis, si l'on intercepte la communication des
tubes nerveux avec les différents ordres de cellules
sensitives ou motrices en coupant les racines postérieures ou antérieures des nerfs. Même la transmis-
sion des vibrations moléculaires des nerfs, si lente
lorsqu'on la compare aux vibrations de l'éther et de
l'air que nous appelons lumière et son, peut être
accélérée ou arrêtée en partie si, sur un nerf mis à
nu, on applique, par exemple, de la strychnine ou de
la morphine. Toutefois, le caractère subordonné des
fibres nerveuses dans l'ensemble du système cérébro-
spinal, n'empêche pas de reconnaître qu'elles sont
la condition, du moins primordiale, de tous les phénomènes intellectuels et moraux dont nous avons ou
non conscience.

Deux systèmes de fibres nerveuses, un système
convergent supérieur et un système convergent inférieur, dont le point d'union est au niveau des noyaux
opto-striés et sous-optiques, — voilà la définition la
plus simple du système nerveux cérébro-spinal. Les
fibres du système convergent supérieur, émergées
des cellules des circonvolutions cérébrales, pénètrent
dans l'intérieur des amas de substance grise des
noyaux centraux de l'encéphale, — où aboutissent
également les fibres du système convergent inférieur,

qui transmettent ainsi à ces centres de concentration et d'irradiation les impressions sensorielles et sensiti-ves périphériques ainsi que les impressions viscérales.

Les centres de la couche optique, outre la substance grise du troisième ventricule, suite de l'axe médullaire prolongé dans le cerveau, se composent d'un centre antérieur ou *olfactif,* d'un centre moyen ou *optique,* d'un centre médian ou de la *sensibilité générale,* et d'un centre postérieur ou *acoustique.* Outre les observations déjà assez nombreuses recueillies à ce sujet par M. Luys, une observation célèbre, conservée par Hunter (1), établit, en effet, que la dégénérescence ou la destruction des couches optiques entraîne la perte de toutes les perceptions sensorielles. Telle est, du moins, la doctrine adoptée et défendue, avec preuves à l'appui, par plusieurs physiologistes éminents de notre temps. Il y a peu de points d'une si haute importance en psychologie physiologique. Historien des idées en ce domaine de la science, je ne manquerai pas de rapporter devant vous, messieurs, les objec-tions que l'on a élevées contre cette manière de voir, qui, en tout cas, est tout autre chose qu'une vue de l'esprit.

Quant au corps strié, où vont se distribuer des fibres issues des circonvolutions cérébrales (fibres cortico-striées), des faisceaux antérieurs de la moelle, et des pédoncules du cervelet, ce n'est point un appareil sensoriel comme la couche optique, mais un appareil de motricité, qui transmet à l'axe spinal les incitations volontaires parties du cerveau.

Si l'on ajoute que les deux hémisphères cérébraux, ainsi que les deux moitiés latérales de la moelle, sont reliés entre eux par un système de fibres com-missurantes qui assurent l'unité d'action, comme les

(1) Voir l'*Encéphale,* t. II, page 403, pl. III.

circonvolutions sont reliées par les fibres convergentes supérieures aux noyaux centraux encéphaliques (noyaux opto-striés et noyaux sous-optiques), et ceux-ci, en chacun de leurs points, à toutes les fibres sensorielles du système convergent inférieur, — on comprendra que les noyaux centraux de l'encéphale et les circonvolutions forment un couple solidaire où se concentrent les actions périphériques et centrales du système nerveux, et, avec M. Luys, on définira le cerveau : l'ensemble des circonvolutions reliées entre elles d'un côté à l'autre, et reliées toutes à la couche optique, au corps strié et aux noyaux sous-optiques.

III

D'innombrables expériences ont établi que les divers modes de l'activité psychique chez les vertébrés, tels que la sensibilité consciente, l'intelligence et la volonté, sont des manifestations dont les conditions ne doivent pas être cherchées ailleurs dans l'organisme que dans la substance grise des circonvolutions cérébrales, siège des fonctions les plus élevées de l'innervation. Privé de ses hémisphères cérébraux, l'animal continue à sentir, mais il n'a plus conscience des sensations qu'il éprouve. Il en est de même des mouvements volontaires. Il perd ses instincts de nutrition et de reproduction. Toute vie affective et intellectuelle s'éteint. Il semble donc qu'on est ici en présence d'une propriété irréductible des cellules nerveuses des circonvolutions. Mais, d'une part, toutes les propriétés prétendues irréductibles de la matière ont été ou seront sans doute transformées, et, d'autre part, on trouve en certaines provinces du système nerveux, des propriétés, non pas identiques, mais analogues à celles des cellules des circonvolu-

tions. Autres en degré, même en nature; voilà peut-
être ce qu'on pourrait dire d'elles.

On sait l'importance capitale que les psychologues
de l'école expérimentale anglaise accordent à l'association des idées, partant à la mémoire, dont ils re-
cherchent l'origine jusque dans les mouvements
réflexes élementaires. Cette théorie est profonde.
Traduite en langage physiologique , c'est-à-dire
exprimée d'une façon plus précise, elle ne signifie
rien de plus que la propriété qu'ont les cellules nerveuses, associées entre elles, de conserver plus ou
moins longtemps la modification de nature inconn-
nue où les a mises quelque agent extérieur. Or la
capacité de recevoir une impression, de la conserver
et de la faire revivre, soit spontanément, soit consé-
cutivement à quelque mouvement venu des cellules
ambiantes ou de la périphérie de l'organisme, tant
que persiste l'état d'organisation, ne paraît pas plus
particulière aux cellules des zones sous-méningées
de l'écorce cérébrale, qu'aux cellules des cornes grises
postérieures de la moëlle ou à celles des ganglions
du grand sympathique.

Avec ou sans conscience, une impression persis-
tante est un véritable souvenir. Les diverses actions
réflexes, les instincts, les phénomènes de contracti-
lité et de sensibilité élémentaires chez les animaux
dénués d'éléments anatomiques musculaires et nerveux, ne sont au fond que des évènements du même
ordre. En parlant de ces réminiscences inconscientes
du cerveau et de la moëlle (car il y en a beaucoup de
telles, Carpenter l'a montré, dans l'entendement lui-
même), un physiologiste pénétrant, M. Taule, me
semble avoir remarqué avec une grande justesse,
qu'elles donnent lieu parfois à certains mouvements
convulsifs, à certaines sensations douloureuses, qui

ne peuvent s'expliquer que par le réveil d'une impression inconsciente.

Le progrès des études physiologiques mettra sûrement dans une plus vive lumière, sinon l'identité, du moins l'analogie du dynamisme fonctionnel des cellules nerveuses, de quelque espèce qu'elles soient. Longtemps le cerveau a été considéré comme l'organe central unique, le lieu de l'âme, sorte de sanctuaire où s'accomplissaient certains mystères auxquels rien ne ressemblait dans le reste de l'organisme. Depuis les expériences de Landry, on sait que chaque segment de moëlle est un centre d'innervation, un appareil sensoriel et moteur, comme le cerveau. L'anatomie comparée qui, en même temps que l'évolution du système vasculaire et des organes de locomotion, nous montre celle du système nerveux, atteste qu'à mesure qu'on descend ou qu'on remonte l'échelle des êtres, l'indépendance mutuelle des centres nerveux croît ou décroît.

Chez les vertébrés supérieurs, chez l'homme même, les sensations et les mouvements spinaux peuvent être encore absolument indépendants de l'innervation cérébrale, laquelle n'intervient ordinairement que pour susciter, modifier et surtout tempérer les actes de cette région. Les appareils encéphaliques ne sont qu'un perfectionnement des appareils spinaux. On suit leur développement dans la série des vertébrés, partant dans l'embryon humain, où les éléments nerveux de la moëlle épinière se montrent en effet avant ceux de l'encéphale. Ce n'est qu'après avoir traversé les phases successives où se sont arrêtés les vertébrés inférieurs, les poissons, les reptiles, les oiseaux, que, au septième mois de la vie intr-autérine, le cerveau humain acquiert ses caractères propres. Il y a plus ; ce n'est guère que chez l'adulte, à l'époque de la suractivité des idées et des passions, que prédominent les fonctions du système nerveux supérieur. Vers la fin de la vie, l'homme retourne vers ses frères inférieurs avant de se réunir à ses pères : les actions réflexes de l'axe spinal, les mouvements automatiques, les instincts héréditaires, les habitudes lointaines d'ancêtres profondément ignorés, reprennent le dessus dans l'organisme en raison directe des défaillances de l'innervation supérieure.

Enfin, rien ne paraît mieux établir l'analogie des fonctions élémentaires de la moëlle et du cerveau, que l'analogie des éléments qui constituent la trame nerveuse de ces centres. Les petites cellules sensitives des cornes postérieures de la moëlle sont en connexion avec les grosses cellules motrices des cornes antérieures, comme les petites cellules sensitives ou perceptives des zones superficielles des circonvolutions cérébrales, sont en connexion avec les grosses cellules motrices ou volitives des zones profondes. Dans ces deux provinces du système nerveux — la moëlle et l'encéphale — chaque couple cellulaire paraît solidairement associé dans ses manifestations dynamiques, et, dans la moëlle comme dans le cerveau, l'activité motrice des cornes antérieures ou des couches profondes des circonvolutions est toujours subordonnée à l'activité des cellules sensitives des cornes postérieures ou des zones de cellules cérébrales sous-méningées. A des degrés divers, ce qui pour la moelle est un mouvement approprié, est dans le cerveau une volition ; ce qui est ici habitude inconsciente, là est intelligence et conscience. Mais, de même que pour le psychologue, l'intelligence ou la raison n'est qu'un perfectionnement de l'instinct, c'est-à-dire d'une simple *action réflexe* à l'origine, de même les mouvements intentionnels, conscients ou non, les mouvements volontaires, qui ne sont qu'un mode de la sensibilité, ne sauraient être autre chose que des phénomènes d'*action réflexe*.

Il n'y a pas jusqu'à l'activité « spontanée » des cellules nerveuses, à la propriété qu'elles ont de se mettre spontanément en action, soit après quelque ébranlement des cellules voisines, soit par le fait d'une incitation d'origine périphérique, qui ne se manifeste dans la moelle épinière et dans les ganglions du grand sympathique comme dans le cerveau lui-même. Cette propriété n'est d'ailleurs point particulière aux cellules nerveuses : on la retrouve, à divers degrés, dans tous les éléments de l'organisme, en tant qu'ils sont tous susceptibles de réagir à leur manière contre les impressions physiques, chimiques ou biologiques qui modifient à chaque instant leur état moléculaire. Cette activité « spontanée », comme on l'appelle, des éléments anatomiques en général et des cellules nerveuses en particulier, est la meilleure preuve de leur autonomie. On ne saurait trop le répéter, chaque cellule vivante est un individu dont toutes les propriétés vitales se manifestent aussi longtemps que persistent tel groupement défini et la rénovation moléculaire de l'élément. Les expériences bien connues de M. Brown-Séquard, qui fait réapparaître à volonté les phénomènes d'innervation cérébrale en injectant du sang dans les troncs artériels d'une tête de chien décapité, ne prouvent rien de plus que la possibilité de faire réapparaître les propriétés des éléments nerveux aussi longtemps que persiste la composition chimique de tels ou tels principes constituant la fibre ou la cellule, et cela sans égard à la forme et à la structure extérieure de l'élément.

Cette autonomie fonctionnelle n'est pas moins

évidente lorsque l'on considère isolément les divers centres d'innervation spinale, ou les ganglions du grand sympathique, quand ces centres sont séparés du cerveau ou de la moelle. Des actes absolument analogues, sinon identiques, à ceux de la perception, de l'intelligence et de la volonté, peuvent être accomplis dans telle ou telle province du système nerveux en dehors de toute intervention de l'innervation cérébrale. Le mécanisme fonctionnel est plus ou moins compliqué, selon qu'il est localisé dans un ganglion, dans un segment de moelle, dans toute la moelle vertébrale, depuis l'extrémité caudale jusqu'aux tubercules quadrijumeaux (1), ou dans le système cérébro-spinal tout entier; voilà tout. Autre en degré, même en nature.

Dans ce dernier cas, c'est-à-dire quand l'impression est transmise au cerveau, on est frappé du grand nombre de modifications successives que doivent faire subir à la vibration initiale les divers milieux de l'organisme qu'il lui faut traverser avant d'arriver aux cellules perceptives des circonvolutions. Qu'on songe que, dans telles fonctions où le cerveau intervient pour commander un mouvement, la vibration moléculaire d'une cellule périphérique, transmise par une fibre sensitive aux ganglions spinaux, puis aux petites cellules de la moelle, remonte, par les faisceaux postérieurs, jusqu'aux couches optiques, d'où elle est irradiée dans les cellules perceptives de la région sous-méningée des circonvolutions; elle retentit ensuite sur les cellules motrices des couches profondes, gagne les corps striés, redescend enfin par les faisceaux antérieurs de la

---

(1) Le bulbe rachidien, la protubérance, les pédoncules cérébraux et les tubercules quadrijumeaux représentent simplement les équivalents morphologiques des régions sous-jacentes de l'axe spinal.

moelle, etc. ! Il faut du temps pour un pareil parcours, et ce temps est relativement très long, en dépit de l'exquise sensibilité de la machine. Mais ce qni me paraît glus grave, ce qui est en tout cas d'une importance capitale pour la critique de nos connaissances, — c'est le caractère foncièrement relatif des notions que notre entendement acquiert ainsi, c'est la nature nécessairement toute subjective de nos idées et des formes de nos idées. Je ne sais point de plus fort argument contre ceux qui, après Berkeley et Kant, seraient encore tentés de croire que l'homme possède une connaissance immédiate des choses extérieures. Du monde réel, nous ne percevons qu'un vague écho affaibli, répercuté dans des gorges et des défilés sans nombre.

Parmi ces vibrations incessantes d'atomes éthérés et de molécules pondérables qui parcourent l'espace, combien affectent notre sensibilité? Si l'on songe aux myriades de sensations élémentaires qui avortent à chaque instant sur tous les ponts de notre organism e sans arriver à la conscience ; si l'on remarque qu'une sensation consciente n'est que la somme sensible d'un nombre incalculable d'événements imperceptibles du même genre, on se persuadera sans peine de l'espèce de cécité congénitale de notre intelligence.

On conçoit toutefois que les vibrations du milieu où nous sommes plongés sont les causes de toutes nos impressions, sensations et idées. Transmises à la substance organisée, d'ébranlement externe elles deviennent ébranlement interne, impression ici, sensation là, perception ailleurs. Bien qu'il n'y ait toujours qu'un seul et unique événement (car toutes les forces de la nature, chaleur, lumière, électricité, etc., se réduisent à des mouvements), chacun de nos sens, véritables appareils enregistreurs, note cet événement dans un langage différent. L'un nomme rayon rouge, par exemple, ce que l'autre appelle chaleur ; il n'importe. Nos diverses notations ne sont que des traductions en diverses langues d'un texte unique. Or les versions sont éphémères et d'une importance relative ; elles n'ont pas toujours été, elles ne seront pas toujours : seul, le texte subsiste ; mais il est inaccessible.

IV

Si l'on ignore les lois des divers modes de mouvements moléculaires des principes constituant les éléments histologiques, d'où résultent les propriétés de nos tissus, et partant celles des organes et la nature de leurs fonctions, du moins peut-on affirmer que ces lois ne diffèrent pas essentiellement des autres modalités dynamiques observées dans le reste du monde. Elles dérivent nécessairement des grandes lois mécaniques d'ordre cosmique par voie de transformation et sans perte d'énergie. Comme il ne se perd pas plus de mouvement qu'il ne s'en crée, les mouvements moléculaires, quels qu'ils soient, et leur transmissibilité, qu'impliquent les phénomènes d'innervation, sont de simples modes de la force unique aux cent noms qui paraît animer l'univers.

Ces différents modes de mouvements varient avec la composition matérielle de l'élément anatomique. S'il est souvent commode de faire abstraction du corps en mouvement, un mouvement ou une force n'est rien de plus qu'un rapport de position dans l'espace, qu'un déplacement atomique ou moléculaire de la matière à ses divers états. Isoler la force de la matière serait revenir aux conceptions les plus naïves des vieux âges, à celles des prêtres de Chaldée, qui concevaient la lumière, par exemple, comme distincte de la matière. Si l'on ne peut imaginer que le mouvement soit quelque chose de réel, sans l'existence d'une chose mue, il suit que le mouvement n'est qu'une modalité de la matière. Les transformations de celle-ci étant infinies, les conversions de celui-là ne le sont pas moins. Mais si la matière est une au fond, le mouvement aussi est un. Ainsi, la complexité des mouvements moléculaires dans les diverses espèces de cellules nerveuses répond à celle de leur constitution matérielle.

Quelques-uns de ces mouvements au moins sont-ils appréciables? *L'action réflexe,* que l'on observe même chez les végétaux, et qui peut être considérée comme *le type du mécanisme de la sensibili é générale dans tout le règne organique,* l'action réflexe s'accomplit-elle en vertu d'un mouvement régi par les lois générales? Les activités propres des fibres et des cellules nerveuses se transforment-elles, lorsqu'elles entrent en jeu, dans quelque autre modalité dynamique? Peut-on montrer que le mécanisme de la sensibilité et de l'intelligence, comme tout autre mécanisme connu, ne va pas sans mouvements matériels?

Les expériences de Schiff, entre autres, ont répondu à ces questions d'une manière très nette. Sans parler des combustions internes qui s'éxagèrent dans le cerveau pendant l'exercice de la pensée, comme dans le muscle pendant l'exercice musculaire, combustions dont la chimie analyse les produits ultimes de désassimilation déversés à l'extérieur (1), les recherches de Helmholtz, de Valentin et de Schiff ont montré que la température des nerfs s'élève lorsque

(1) H. Byasson, *Essai sur les relations qui existent à l'état physiologique entre l'activité cérébrale et la composition des urines.*

leur activité se manifeste, c'est-à-dire lorsqu'ils propagent une excitation.

L'activité propre et intrinsèque des éléments nerveux des circonvolutions se traduit également par une élévation de température. « Les actions réflexes suscitées par les impressions sensibles dans la substance grise cérébrale et constituant l'activité psychique, dit M. Schiff, produisent de la chaleur, c'est-à-dire sont liées à un mouvement sujet aux lois générales qui régissent la matière. » Un rapport direct existe entre la chaleur développée dans le cerveau et l'intensité du travail intellectuel accompli. Les impressions des sens, celles du tact, de la vue, de l'ouïe, de l'odorat, qui se répartissent à la fois dans les deux hémisphères cérébraux, y déterminent des mouvements moléculaires inconnus, mais réels, puisque la chaleur, alors dégagée, n'est rien de plus qu'un mouvement spécial des dernières particules de la matière. L'activité « psychique » proprement dite, celle de la substance grise des circonvolutions, — pensées, émotions, etc., — « est liée à une production de chaleur quantitativement supérieure à celle qu'engendrent les simples impressions des sens. »

Un savant anglais, Lombard, dont les expériences ne doivent pas être confondues avec celles de Schiff, a recherché, comme Broca et plusieurs autres, quelle était l'influence de l'activité cérébrale sur la température externe de la tête : il a trouvé, non seulement que toute cause d'attention, telle qu'un bruit, la vue d'un objet ou d'une personne, élève cette température, mais qu'un travail intellectuel, une émotion très intense, l'exagère, surtout à la région de la protubérance occipitale. Ces expériences n'ont trait qu'aux parties externes de la tête ; l'élévation de température observée dépend de la circulation du sang. Les expériences de Schiff étaient d'un tout au tre ordre : les aiguilles thermo-électriques qu'il a implantées dans certains points du cerveau des animaux en expérience révèlent les variations de température de la substance même de cet organe. Le travail qui se traduit par un dégagement de chaleur résulte bien des changements de distance et de position relatives des molécules constituant les fibres et les cellules nerveuses des centres encéphaliques.

Or tout dégagement de chaleur est un cas particulier de la mécanique. L'activité de l'intelligence, comme toutes les activités organiques, se ramène ainsi, avec la physique et la chimie, à la mécanique.

L'unité suprême de la nature a sa plus haute expression dans l'unité de la science. Il n'y a pas deux mecaniques, une mécanique céleste et une mécanique cérébrale ; deux chimies, une chimie inorganique et une chimie organique ; deux physiologies, non plus que deux psychologies, l'une pour les hommes, l'autre pour les animaux et les végétaux. Partout éclate, avec l'infinité de la causalité, la continuité de la nature. « La physiologie générale constate, a écrit M. Paul Bert, au milieu de l'infinie variété des phénomènes secondaires, une majestueuse unité. C'est la constante conclusion de toutes les vues générales sur les phénomènes de la nature. »

La psychologie nouvelle, la psychologie de l'école expérimentale, ne sépare point la fonction de l'organe. Mais si la fonction est inséparable de l'organe, on voit tout de suite quelle place l'étude de la structure et de l'activité normale et pathologique de l'organe doit tenir dans la psychologie ainsi conçue. Nulle part, dans le domaine immense des sciences biologiques, des sciences de la vie, on n'étudie la fonction séparée de l'organe. En tout cas, et lors même qu'on ne considère que celle-là, la structure

intime et le développement morphologique de l'organe sont toujours supposés connus. Ce n'est que par
un pur artifice, par une abstraction, qu'il est permis
de considérer comme une dualité, comme deux ob-
jets distincts, ce qui, dans la nature, constitue une
unité absolue.

En bonne logique, et la plupart des psychologues sont aujourd'hui de ce sentiment, l'organe
et la fonction, le corps et l'âme, ne sont que les
deux aspects, différemment connus, d'un seul et
même fait. Le psychologue s'attache de préférence à
un certain ordre de faits, le physiologiste en considère un autre. Mais, ayant en commun un même objet d'étude, le psychologue et le physiologiste doivent
tôt ou tard se rencontrer et se donner la main. Les
sujets qu'étudient ces savants ne sont donc pas dou-
bles, en dépit des apparences. L'âme nutritive des
plantes n'est point distincte de sa nutrition, et la vie,
sous n'importe quelle forme, la vie de l'esprit comme
la vie du sang, ne saurait être isolée des êtres qui
vivent.

Sans doute, on peut toujours demander : Qu'est-ce
que la vie ? Et cette quest'on, on peut la faire non
seulement pour la vie en général, mais pour chacun
de ses modes en particulier, pour la sensibilité, l'intelligence, la conscience. Mais ces questions, dépas-
sant le domaine de l'expérience, ne sont plus objet
de science, ainsi que la critique de Kant l'a établi pour
tous les siècles. La métaphysique, avec son « océan
sans rivage et sans phare, » s'ouvre comme l'infini
devant le penseur et le savant dont la science n'a
pu rassasier le désir de connaître. Libre à chacun de
s'aventurer sur ces mers inconnues, de se perdre dans
le gouffre sans fond, ou de découvrir de nouveaux
cieux étoilés. *Tentanda via est*, crierai-je à tous ces

hardis navigateurs, à toutes ces âmes enthousiastes qui ne vivent que de rêve et d'idéal. Qu'importe que, de mémoire d'homme, nul ne soit revenu de ces lointains voyages dans la mer des Ténèbres, — ou, tout au moins, n'ait jamais découvert le nouveau monde entrevu, évoqué aux heures de foi et d'espérance? Ce monde, Messieurs, toutes les âmes d'élite le portent en elles; et c'est sans doute pourquoi elles l'ont éternellement cherché en vain au dehors d'elles.

EXTRAIT DE L'ENCÉPHALE

Journal des maladies mentales et nerveuses,

Librairie J.-B. Baillière et Fils.

SAINT-QUENTIN. — IMPRIMERIE JULES MOUREAU ET FILS.